家のお米でできる！ フライパン・トースターでできる！

ラクうま 生米パン無限レシピ

リト史織
Shiori Leto

KODANSHA

Contents

PART **1**

手軽な「平焼きパン」

【 フライパンの平焼きパン 】

【 成形不要の平焼きパン 】

PART 2

人気の「成形パン」

パンを作るときに

＊油は特に表記がない場合は菜種油を、豆乳は成分無調整のものを使用しています。

＊小さじは5ml、大さじは15ml、1カップは200mlです。

＊発酵時間は目安を表記していますが、季節や室温、生地の温度などによってそれぞれです。発酵がたりないようなら時間を長くしたり、発酵に使うお湯の温度を上げたりして対応してください。

＊トースターやオーブン、コンロはそれぞれのクセがあるため、表記された温度や時間で焼き上がりが若干違うこともあるかもしれません。あくまでも目安ですので、焼き色がたりないと思ったらもう少し焼いたり、手前と奥など場所によって火の回りが違うので入れ替えてみたりなど、我が家の「ちょうどいい加減」を工夫してみましょう。

＊トースターの火加減が強すぎると感じたら、アルミ箔をかぶせてください。

＊オーブンの予熱温度は焼く温度と同じです。

＊作り方にある1個あたりのｇ数の表記は目安です。

生米パンのいいところ

この本でご紹介する生米パンは小麦や米粉のパンと比べて、
うれしいポイントがいっぱい。
ぜひ、あなたも作ってみてください！

家のお米で
すぐできる

いつも家にあるお米。それが生米パンのメイン素材です。パンに適した米粉をわざわざ買ってくることもなく、思い立ったらすぐできます。また古米や割れ米でもおいしく作れます。

作り方が
シンプルで簡単

小麦パンの作り方に比べると、作る途中でこねたり、たたいたりしなくてもいいし、発酵も1回きりなど生米パンはぐっとシンプルで簡単です。フライパンやトースターで作れるレシピもたくさんあります。

小麦、卵、乳製品、
白砂糖、不使用

この本で使っている材料はグルテンフリーヴィーガンで小麦粉、卵、乳製品や白砂糖も使っていません。アレルギーのある人も、食にこだわりのある人も、おいしく身体にやさしいパンをどうぞ。

ふわもち食感で、
翌日も〇

生米パンは小麦のパンや米粉パンより、ふわふわもちもち。生米パンならではのほのかな甘みも楽しめます。また、翌日も「しっとり、ふわふわ」が続くのが生米パンのすごいところです。

身体に
やさしい＋安心！

穀類が精製された時点で酸化し、時とともに劣化していくのは仕方ありません。でも生米パンなら、作るそのときにお米を粉砕するので、酸化しにくく新鮮な味わいが楽しめます。

身近な材料で、
バリエ豊か

お米はもちろん、他の材料も身近なものばかり。また、さまざまな素材をパンと組み合わせることができます。穀物や豆、ナッツ、野菜、果物など生の素材を一緒に攪拌できるので、レパートリーは無限大！

生米パンを作ってみよう！

初めての生米パンも、作り方のポイントがわかっていれば大丈夫。
最初に頭に入れておきましょう。

水きりをしっかり

細かく攪拌

お米を
よく浸水

材料を準備するところからスタート。お米はたっぷりの水に3時間以上浸水させ、十分に水を含ませて。

きちんと水きりを。レシピの分量より水分が多いと、ふんわりパンになりにくくなってしまいます。最後にざるを傾け、余分な水けをなくしましょう。
また、ざるから直接コンテナに入れず、必ずスプーンやおたまで米を入れて。

米を細かく攪拌して。ツブツブが残らないくらいなめらかになるまで攪拌すると、きめの細かいふんわりパンに。

できるだけ水きりしてから。

このくらいなめらかに。

十分に発酵

POINT

発酵も生米パンのポイント。特に平焼きパンは、発酵しすぎも発酵がたりないのも、ふくらみやきめに差が出ます（とはいえ、それでもおいしいです）。季節や発酵のさせ方によっても違うので、何度か試してコツをつかんで！

1.5～2倍になるまで発酵。

流し込み 成形

攪拌したら、流し込んで。
＊成形パンの場合は手早く作業する。

あとは焼くだけ

火加減や時間をチェックしながら焼きます。おいしい生米パンを召しあがれ。

生米パンを作るために

〖 材料 〗

生米パンを作るのに必要な材料をご紹介しましょう。
基本の材料はごくシンプル。どの家にもあるもので作れるのがうれしい。

① 米

生米パンの主役、お米。ご飯と同じで、炊くと粘り気のあるコシヒカリなどはもっちりと、粘り気の少ないササニシキなどはふんわり仕上がると覚えておくといいでしょう。ただ、銘柄が同じでも産地や収穫年によって仕上がりも違います。

② イースト

イーストにはパンをふくらませる役割があります。この本では初心者が扱いやすいドライイーストを使っています。

③ 塩

パンのうまみや甘みを引き出してくれる、塩。精製されたものより、海水塩や岩塩などを使ったほうが、味がまろやかです。

④ 糖類

イーストの働きを助け、しっとりさせたり、日持ちをよくしたりと、糖類にはさまざまな役割が。この本ではメープルシロップを使っていますが、砂糖でも代用できます。

⑤ 油

この本では菜種油を使っていますが、好みのものでもOK。ただ、油の香りはパンに残るので、無臭のもの、または好きな香りの油を選んで。圧搾の油がおすすめです。

⑥ 水分

イーストをきちんと働かせるには、ちょうどいい水分と温度が欠かせません。各レシピにあった水分量と温度は表記していますが、ミキサーや他の材料の温度（季節）などによっても変わるので、できあがりが約40℃になるよう調整してください。

〔 道具 〕

生米パン作りに、より適した道具をまとめました。
これでおいしい生米パンを作ってくださいね。

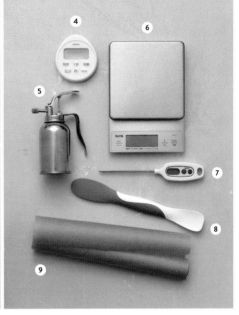

① ミキサー

攪拌力により、できあがりに違い
が出ることもありますが、どんな
ミキサーでもOK。ただしコンテナ
は縦に長く、容量が大きすぎない
ものを。なお、ハンドブレンダー
はおすすめできません。

② フライパン

フライパンのサイズによって仕上が
りの高さは変わります（P15参照）。
この本では小さめの直径16cmのも
のを使い、厚みを出しました。また、
フッ素樹脂加工でも鉄製でもかまい
ませんが、素材や厚さにより、焼
き加減は変わります。ふたは用意し
て（ふたができれば、付属のものでな
くても大丈夫）。

③ トースター

予熱せずにすぐ焼けるのがトースタ
ーのいいところ。庫内に高さがある
と、焦げつきにくくおすすめです。
温度調整ができるもので。

④ タイマー

焼き時間や発酵時間のお知らせに。

⑤ 霧吹き

生地を焼く前に、霧吹きでシュッと
ひと吹き。あれば、霧が細かく全体
に均一に吹きかけられるものを。水
分量の微調整にも使えます。

⑥ スケール（はかり）

0.1g単位からはかれる、デジタル
ばかりがおすすめ。

⑦ 温度計

ぬるま湯や生地の温度チェックに。

⑧ ゴムべら

ミキサーのコンテナについた生地を
こそげたり、生地を広げたりするの
に使います。幅が細めで弾力のある
シリコン製が使いやすくて〇。

⑨ オーブンシート

くっつきやすい生米パンの生地に、
オーブンシートは必需品。フライパ
ンや天板に敷くのはもちろん、成型
時にも使います（両面にシリコン加
工されたものを）。

PART 1

手軽な
『平焼きパン』

生米パンはフライパンでもトースターでも焼けます。
どれも攪拌したらあとは流し込んで焼くだけという手軽さです。
いろんな材料を混ぜ込んで、新しい生米パンを味わってください。

まずは、シンプルなパンを
フライパンで焼いてみましょう。

基本の平焼きパン

材料（直径16cmのフライパン1枚分）

A [
生米（浸水済み）…… 150g（浸水前115g）
油 …… 13g
メープルシロップ …… 8g
塩 …… 2g
ぬるま湯（約40〜50℃）…… 約70g
]
イースト …… 2g

下準備

・米を軽く洗ってボウルに入れ、たっぷりの水（分量外）を加えて2時間以上（冬場は3時間以上）浸水させる（a）。

・40〜50℃のぬるま湯を用意する。

・オーブンシートを直径18cmの円形に2枚カットする（18×18cmのオーブンシートを用意。円形に切る方法はP75参照。20cm以上のフライパンなら直径と同サイズの円形を用意）。

・フライパンにしき、立ち上がりにそって押さえる（b）。

立ち上がりにそって押さえておく
（20cm以上のフライパンは不要）。

12

1

ミキサーに材料を
はかり入れる

❶ 生米の水をしっかりきる(c)。

❷ スケールにミキサーをのせ、めもりを
0にしてから、A(生米150g、油13g、
メープルシロップ8g、塩2g、40〜50℃
のぬるま湯約70g)を全てミキサーに
入れ、最後にイースト2gを加える。

水の量がほんの少したり
ないときは、霧吹きで水
をプラス。

c

2

攪拌する

途中、何度か止めて、コンテナの周りに
飛び散った生地をゴムべらで落としなが
ら(d)、なめらかになるまで混ぜる(e・
できあがりの生地温度は40℃くらいだ
と発酵がスムーズ)。

d

e
生地はこんな感じになれ
ばOK。

発酵方法
50℃の湯を入れた小鍋に、ふた
をしたフライパンをのせ、冷め
てきたら小鍋を火にかけ、50℃
にして発酵を続ける。

③

発酵させる

❶ 人肌まで温めたフライパンに生地を流し入れる。

❷ 羽根にこびりついた生地は、もう1度空回しすると外に飛び散り取れる（f）。

❸ 表面全体に霧を吹いたらふたをし、35〜40℃で25〜30分、1.5〜2倍になるまで発酵させる（g・発酵方法は左記の他にもある。P76参照）。

 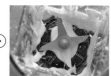

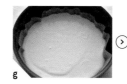 

このくらいふくらめばOK。

④

焼く

表面全体に霧を吹いて（h）ふたをし、弱火で7分加熱する。

フライパンの大きさや厚み、コンロの火加減によって焼き具合は変わります。何度か試して、好みの加減を見つけて。

シュッとひと吹き。

5

裏側も焼く

❶ 片面が焼けたら裏返して6分加熱する。

❷ 裏返すときは、下の写真を参考にオーブンシートをのせてまな板などをかぶせ、逆さにして取り出し、そのままフライパンに戻す。

上にオーブンシートをのせる。

まな板をのせる。

オーブンシートを持ってフライパンに戻す。

フライパンごとひっくり返す。

6

ペーパーをはがす

焼き上がったら網にのせ、粗熱がとれたらオーブンシートをはがす。保存は密閉容器や密閉袋で。

フライパンはサイズが違うと……

フライパンのサイズによって仕上がりが変わります。左は直径16cm(この本で使用しているサイズ)で厚みがあり、右は20cmのもので大きく、平らなパンが焼けます。

玄米パン

玄米ご飯が苦手な人にもおいしく食べてもらえる玄米パン。
かみしめるほどに玄米の香ばしさが感じられ、手が止まりません。

材料（直径16cmのフライパン1枚分）

A ┌ 玄米（浸水済み）…… 150g（浸水前115g）
　├ 油 …… 13g
　├ メープルシロップ …… 8g
　├ 塩 …… 2g
　└ ぬるま湯（約40〜50℃）…… 約70g
イースト …… 2g

下準備

・米を軽く洗ってボウルに入れ、たっぷりの水（分量外）を加えて半日以上、浸水させる。
・約40〜50℃のぬるま湯を用意する。
・直径18cmの円形にオーブンシートを2枚カットする（P75参照）。
・フライパンにオーブンシートを敷く。

作り方

❶ Aをミキサーに入れ、最後にイーストを加えて攪拌する。

❷ 途中、何度か止めて、コンテナの周りに飛び散った生地をゴムべらで落としながら、なめらかになるまで混ぜる（できあがりの生地温度は40℃くらいだと発酵がスムーズ）。

❸ 人肌まで温めたフライパンに生地を入れて霧を吹いたらふたをし、35〜40℃で20〜25分、1.5〜2倍になるまで発酵させる（発酵方法はP76を参照）。

❹ 表面に霧を吹いてふたをし、弱火で7分加熱、裏返して6分加熱する。
＊裏返すときは、オーブンシートを上にのせてまな板などをかぶせ、逆さにして取り出し、そのままフライパンに戻す（P15参照）。

平焼きパンアレンジ ② 大豆パン

「大豆ってこんなに甘かったかな?」と思うほど、
ふんわりもっちり。ファンの多い平焼きパンです。

材料 (直径16cmのフライパン1枚分)

A
生米 (浸水済み) …… 150g (浸水前115g)
油 …… 13g
メープルシロップ …… 8g
塩 …… 2g
ぬるま湯 (約40〜50℃) …… 約55g
大豆乾燥 (浸水後) …… 30g (浸水前13〜14g)

イースト …… 2g

下準備

・米を軽く洗ってボウルに入れ、たっぷりの水 (分量外) を加えて2時間以上 (冬場は3時間以上) 浸水させる。
・大豆を洗ってボウルに入れ、たっぷりの水 (分量外) を加えて1晩浸水させる。
・約40〜50℃のぬるま湯を用意する。
・直径18cmの円形にオーブンシートを2枚カットする (P75参照)。
・フライパンにオーブンシートを敷く。

作り方

❶ Aをミキサーに入れ、最後にイーストを加えて攪拌する。

❷ 途中、何度か止めて、コンテナの周りに飛び散った生地をゴムべらで落としながら、なめらかになるまで混ぜる (できあがりの生地温度は40℃くらいだと発酵がスムーズ)。

❸ 人肌まで温めたフライパンに生地を入れて霧を吹いたらふたをし、35〜40℃で30分、1.5〜2倍になるまで発酵させる (発酵方法はP76参照)。

❹ 表面に霧を吹いてふたをし、弱火で7分加熱、裏返して6分加熱する。
＊裏返すときは、オーブンシートを上にのせてまな板などをかぶせ、逆さにして取り出し、そのままフライパンに戻す (P15参照)。

くるみとレーズンの赤ワインパン

赤ワインらしい色味に食欲がそそられる、赤ワインのパン。
くるみとレーズンもあいまってワインのお供にも最高です。

材料(直径16cmのフライパン1枚分)

A [生米(浸水済み) …… 150g(浸水前115g)
　油 …… 13g
　メープルシロップ …… 8g
　塩 …… 2g]
赤ワイン …… 65g
水 …… 適量
イースト …… 2g
レーズン …… 30g
くるみ …… 20g

下準備

・米を軽く洗ってボウルに入れ、たっぷりの水(分量外)を加えて2時間以上(冬場は3時間以上)浸水させる。
・赤ワインを小鍋で1度沸騰させたら火を止めてレーズンを入れ、すぐざるにあげる。赤ワインはとっておく。
・くるみを160℃のオーブンで8〜10分ローストし、冷めたら1cm大にくだく。
・直径18cmの円形にオーブンシートを2枚カットする(P75参照)。
・フライパンにオーブンシートを敷く。

作り方

❶ 沸騰させた赤ワインと水の合計が70gとなるよう水で調整してミキサーに入れ、**A**と、最後にイーストを加えて攪拌する。

❷ 途中、何度か止めて、コンテナの周りに飛び散った生地をゴムべらで落としながら、なめらかになるまで混ぜる(できあがりの生地温度は40℃くらいだと発酵がスムーズ)。

❸ 人肌まで温めたフライパンに生地を入れ、くるみとレーズンを加え、軽く混ぜる。霧を吹いたらふたをし、35〜40℃で30分、1.5〜2倍になるまで発酵させる(発酵方法はP76参照)。

❹ 表面に霧を吹いてふたをし、弱火で7分加熱、裏返して6分加熱する。
＊裏返すときはオーブンシートを上にのせてまな板などをかぶせ、逆さにして取り出し、そのままフライパンに戻す(P15参照)。

平焼きパンアレンジ ④ # かぼちゃパン

鮮やかな黄色の正体は、かぼちゃ。
パンプキンシードを加えれば、食感のアクセントに。

材料（直径16cmのフライパン1枚分）

A
- 生米（浸水済み）…… 150g（浸水前115g）
- 油 …… 13g
- メープルシロップ …… 8g
- 塩 …… 2g
- お湯（約50〜60℃）…… 45g
- かぼちゃ …… 30g

イースト …… 2g
かぼちゃの種 …… 7g

下準備

・米を軽く洗ってボウルに入れ、たっぷりの水（分量外）を加えて2時間以上（冬場は3時間以上）浸水させる。
・約50〜60℃のお湯を用意する。
・かぼちゃは皮をむき、1cm幅に切る。
・直径18cmの円形にオーブンシートを2枚カットする（P75参照）。
・フライパンにオーブンシートを敷く。

作り方

❶ Aをミキサーに入れ、最後にイーストを加えて攪拌する。

❷ 途中、何度か止めて、コンテナの周りに飛び散った生地をゴムべらで落としながら、なめらかになるまで混ぜる（できあがりの生地温度は40℃くらいだと発酵がスムーズ）。

❸ 人肌まで温めたフライパンに生地を入れてかぼちゃの種を散らす。霧を吹いてふたをし、35〜40℃で25〜30分、1.5〜2倍になるまで発酵させる（発酵方法はP76参照）。

❹ 表面に霧を吹いてふたをし、弱火で7分加熱、裏返して6分加熱する。
＊裏返すときは、オーブンシートを上にのせてまな板などをかぶせ、逆さにして取り出し、そのままフライパンに戻す（P15参照）。

平焼きパンアレンジ ⑤

紅茶パン

部屋中に紅茶の香りが広がるのは、茶葉のまま練り込んでいるから。
ホワイトチョコを加えてもおいしい(生地をフライパンに流したら
カットしたホワイトチョコ40gを散らし、下と同じように焼いて)。

材料（直径16cmのフライパン1枚分）

A
- 生米（浸水済み）…… 150g（浸水前115g）
- 油 …… 20g
- メープルシロップ …… 20g
- 塩 …… 2g
- ぬるま湯（約40〜50℃）…… 約75g
- 紅茶葉（あればアールグレイの
  ティーバッグの茶葉）…… 2g

イースト …… 2g

下準備

・米を軽く洗ってボウルに入れ、たっぷりの水（分量外）を加えて2時間以上（冬場は3時間以上）浸水させる。
・約40〜50℃のぬるま湯を用意する。
・直径18cmの円形にオーブンシートを2枚カットする（P75参照）。
・フライパンにオーブンシートを敷く。

作り方

❶ Aをミキサーに入れ、最後にイーストを加えて攪拌する。

❷ 途中、何度か止めて、コンテナの周りに飛び散った生地をゴムべらで落としながら、なめらかになるまで混ぜる（できあがりの生地温度は40℃くらいだと発酵がスムーズ）。

❸ 人肌まで温めたフライパンに生地を入れて霧を吹いたらふたをし、35〜40℃で25〜30分、1.5〜2倍になるまで発酵させる（発酵方法はP76参照）。

❹ 表面に霧を吹いてふたをし、弱火で7分加熱、裏返して6分加熱する。
＊裏返すときは、オーブンシートを上にのせてまな板などをかぶせ、逆さにして取り出し、そのままフライパンに戻す（P15参照）。

小松菜パン

生の野菜の色鮮やかさがそのままパンになるのが生米パンのすごいところ。
子どもが苦手な小松菜もおいしいパンに変身します。

材料（直径16cmのフライパン1枚分）

A
- 生米（浸水済み）…… 150g（浸水前115g）
- 油 …… 13g
- メープルシロップ …… 8g
- 塩 …… 2g
- ぬるま湯（約40〜50℃）…… 約60g
- 小松菜葉 …… 15g

イースト …… 2g

下準備
・米を軽く洗ってボウルに入れ、たっぷりの水（分量外）を加えて2時間以上（冬場は3時間以上）浸水させる。
・約40〜50℃のぬるま湯を用意する。
・直径18cmの円形にオーブンシートを2枚カットする（P75参照）。
・フライパンにオーブンシートを敷く。

作り方
❶ Aをミキサーに入れ、最後にイーストを加えて攪拌する。
❷ 途中、何度か止めて、コンテナの周りに飛び散った生地をゴムべらで落としながら、なめらかになるまで混ぜる（できあがりの生地温度は40℃くらいだと発酵がスムーズ）。
❸ 人肌まで温めたフライパンに生地を入れて霧を吹いたらふたをし、35〜40℃で25〜30分、1.5〜2倍になるまで発酵させる（発酵方法はP76参照）。
❹ 表面に霧を吹いてふたをし、弱火で7分加熱、裏返して6分加熱する。
　＊裏返すときは、オーブンシートを上にのせてまな板などをかぶせ、逆さにして取り出し、そのままフライパンに戻す（P15参照）。

平焼きパンアレンジ ⑦ # いちごとクランベリーのパン

ほんのりとしたピンク色は、いちご。フルーツをそのまま練り込むので、
やさしい色と香りも楽しめます。クランベリーの甘みと食感もアクセントに。

材料（直径16cmのフライパン1枚分）

A
生米（浸水済み）…… 150g（浸水前115g）
油 …… 13g
メープルシロップ …… 8g
塩 …… 2g
お湯（約60〜70℃）…… 28g
いちご …… 50g

イースト …… 2g
クランベリー …… 25g

下準備

・米を軽く洗ってボウルに入れ、たっぷりの水（分量外）
を加えて2時間以上（冬場は3時間以上）浸水させる。
・約60〜70℃のお湯を用意する。
・クランベリーに熱湯をかけ、ざるにあげておく。
・直径18cmの円形にオーブンシートを2枚カットする
（P75参照）。
・フライパンにオーブンシートを敷く。

作り方

❶ Aをミキサーに入れ、最後にイーストを加えて
攪拌する。

❷ 途中、何度か止めて、コンテナの周りに飛び散っ
た生地をゴムべらで落としながら、なめらかに
なるまで混ぜる（できあがりの生地温度は40℃
くらいだと発酵がスムーズ）。

❸ 人肌まで温めたフライパンに生地を入れ、ク
ランベリーを加えて軽く混ぜる。霧を吹いた
らふたをし、35〜40℃で20〜30分、1.5〜2倍に
なるまで発酵させる（発酵方法はP76参照）。

❹ 表面に霧を吹いてふたをし、弱火で7分加熱、
裏返して6分加熱する。
＊裏返すときは、オーブンシートを上にのせて
まな板などをかぶせ、逆さにして取り出し、そ
のままフライパンに戻す（P15参照）。

バナナパン

バナナパンはココナッツ風味と相性抜群なので、
ぜひ、ココナッツオイルで作ってみて。
熟れたバナナのほうが、しっかりとバナナらしい甘みが出ます。

材料（直径16cmのフライパン1枚分）

A
- 生米（浸水済み）…… 150g（浸水前115g）
- ココナッツオイル …… 13g
- メープルシロップ …… 8g
- 塩 …… 2g
- ぬるま湯（約40〜50℃）…… 約45g
- バナナ …… 45g

イースト …… 2g

下準備

・米を軽く洗ってボウルに入れ、たっぷりの水（分量外）を加えて2時間以上（冬場は3時間以上）浸水させる。
・約40〜50℃のぬるま湯を用意する。
・直径18cmの円形にオーブンシートを2枚カットする（P75参照）。
・フライパンにオーブンシートを敷く。

作り方

❶ Aをミキサーに入れ、最後にイーストを加えて攪拌する。

❷ 途中、何度か止めて、コンテナの周りに飛び散った生地をゴムべらで落としながら、なめらかになるまで混ぜる（できあがりの生地温度は40℃くらいだと発酵がスムーズ）。

❸ 人肌まで温めたフライパンに生地を入れて霧を吹いたらふたをし、35〜40℃で25〜30分、1.5〜2倍になるまで発酵させる（発酵方法はP76参照）。

❹ 表面に霧を吹いてふたをし、弱火で7分加熱、裏返して6分加熱する。
＊裏返すときは、オーブンシートを上にのせてまな板などをかぶせ、逆さにして取り出し、そのままフライパンに戻す（P15参照）。

おかずのっけパン

パンにあうものはもちろん、ご飯にあうものとも相性がいい生米パン。
夕べのちょこっと残ったご飯のおかずを、翌日の生米パンに。

【 おかずパン生地 】

材料（直径7.5cmのアルミカップ5個分）

A
┌ 生米（浸水済み） …… 150g（浸水前115g）
│ 油 …… 13g
│ メープルシロップ …… 8g
│ 塩 …… 2g
└ ぬるま湯（約40〜50℃） …… 70g

イースト …… 2g

油 …… 適量

下準備

・アルミカップにはけで油を塗る。

作り方

❶ 「基本の平焼きパン生地」（P12〜参照）を作る。

❷ アルミカップに生地を1/5量ずつ流し（1個 約46g）、霧を吹いて35〜40℃で30分、1.5〜2倍まで発酵させる（発酵方法はP76参照）。

❸ 好みのおかずをのせ、210℃のトースターで12分焼く（オーブンなら予熱し、220℃で12分）。

おかず ① **コーンマヨのせ**

生米マヨネーズを使えばさっぱりしつつもコクのある味わいに仕上がります。

材料（5個分）

コーン（缶入り） …… 125g

生米マヨネーズ …… 50g（P43参照）

パセリ …… 適量

作り方

❶ ボウルにコーンと生米マヨネーズを入れて混ぜる。

❷ パセリを刻む。

❸ 発酵させた「基本の平焼きパン生地」に①を等分してのせ、焼く。

❹ 焼けたらパセリを散らす。

おかず ② **れんこんのきんぴらのせ**

れんこんのシャキシャキした歯ごたえと和の味つけを生米パンで楽しんで。

材料（5個分）

れんこん …… 170g

ごま油 …… 15g

みりん …… 8g

塩麹 …… 15g

（好みで）糸唐辛子 …… 適量

作り方

❶ れんこんを5mm幅のいちょう切りにする。

❷ フライパンを中火にかけてごま油を熱し、①を炒めてみりんと塩麹を加える。さらに炒め、冷ましておく。

❸ 発酵させた「基本の平焼きパン生地」に②を等分してのせ、焼く。

❹ 焼けたら好みで糸唐辛子をのせる。

おかず ③ **長ねぎの塩ごま炒めのせ**

「長ねぎ×ごま」というシンプルな具材だからこそ、何個でもいけます！

材料（5個分）

長ねぎ …… 140g（約2本）

ごま油 …… 20g

塩 …… 2g

白ごま …… 8g

作り方

❶ 長ねぎを5mm幅の斜め切りにする。

❷ フライパンを中火にかけてごま油を熱し、①をさっと炒めて塩とごまを加える。さらに炒め、冷ましておく。

❸ 発酵させた「基本の平焼きパン生地」に②を等分してのせ、焼く。

クイックブレッド

ベーキングパウダーを加えれば、イーストを使わない発酵いらずのクイックブレッドが完成。
時間のないときでも生米パンが作れます!

さつまいも黒ごまパン

実はさつまいもは品種によってできあがりに違いが出やすいのですが、イースト入りのクイックブレッドなら
手軽に楽しめます。素朴な甘みとプチプチ食感で、かむほどに味わい深く。

材料（直径16cmのフライパン1枚分）

A
生米（浸水済み）…… 150g（浸水前115g）
油 …… 20g
メープルシロップ …… 15g
さつまいも …… 30g
塩 …… 1.5g
水 …… 50g

黒ごま …… 5g
ベーキングパウダー …… 5g

下準備

・米を軽く洗ってボウルに入れ、たっぷりの水（分量外）
を加えて2時間以上（冬場は3時間以上）浸水させる。
・直径18cmの円形にオーブンシートを2枚カットする
（P75参照）。
・フライパンにオーブンシートを敷く。
・さつまいもは皮をむき、1cm幅に切る。

作り方

❶ Aをミキサーに入れ、攪拌する。
❷ 途中、何度か止めて、コンテナの周りに飛び散っ
た生地をゴムべらで落としながら、なめらかに
なるまで混ぜる。
❸ 生地をボウルに取り出し、黒ごまを加えてよく
混ぜ、さらにベーキングパウダーを加えてゴ
ムべらで手早く混ぜる。
❹ フライパンに生地を入れ、霧を吹いてふたをし、
弱火で7分加熱、裏返して6分加熱する。
＊裏返すときはオーブンシートを上にのせてま
な板などをかぶせ、逆さにして取り出し、そ
のままフライパンに戻す（P15参照）。

黒糖くるみパン

黒糖のコクのある甘み＆くるみの香ばしさがたまりません。
くるみは何度か登場しますが、不思議なことに、ナッツの中で一番生米パンと相性がよいのです。

材料（直径16cmのフライパン1枚分）

A
生米（浸水済み）…… 150g（浸水前115g）
油 …… 20g
黒糖 …… 30g
塩 …… 1.5g
水 …… 65g

くるみ …… 40g
ベーキングパウダー …… 5g

下準備

・米を軽く洗ってボウルに入れ、たっぷりの水（分量外）
を加えて2時間以上（冬場は3時間以上）浸水させる。
・直径18cmの円形にオーブンシートを2枚カットする
（P75参照）。
・フライパンにオーブンシートを敷く。
・くるみを150℃のオーブンで10〜15分ローストする。

作り方

❶ Aをミキサーに入れ、攪拌する。
❷ 途中、何度か止めて、コンテナの周りに飛び散っ
た生地をゴムべらで落としながら、なめらかに
なるまで混ぜる。
❸ 生地をボウルに取り出し、くるみを加えてよく
混ぜ、さらにベーキングパウダーを加えてゴ
ムべらで手早く混ぜる。
❹ フライパンに生地を入れ、霧を吹いてふたをし、
弱火で7分加熱、裏返して6分加熱する。
＊裏返すときはオーブンシートを上にのせ、ま
な板などをかぶせ、逆さにして取り出し、そ
のままフライパンに戻す（P15参照）。

トマトパン

トマトの水分だけで作った、オレンジ色の生米パン。
ミニトマトのヘタを残せば、キュートな飾りに。

材料（直径5.5cmのマフィンカップ6個分）

A
┌ 生米（浸水済み）…… 150g（浸水前115g）
│ 油 …… 23g
│ メープルシロップ …… 9g
│ ミニトマト …… 83g
└ 塩 …… 2g
ベーキングパウダー …… 6g
ミニトマト（飾り用）…… 3個

下準備

・米を軽く洗ってボウルに入れ、たっぷりの水（分量外）を
加えて2時間以上（冬場は3時間以上）浸水させる。
・マフィンカップにベーキングカップを敷く。
・飾り用のミニトマトを縦半分に切る（片方にヘタを残す）。

作り方

❶ Aをミキサーに入れ、攪拌する。
❷ 途中、何度か止めて、コンテナの周りに飛び散っ
た生地をゴムべらで落としながら、なめらかに
なるまで混ぜる。
❸ 生地をボウルに取り出し、ベーキングパウダー
を加えてゴムべらで手早く混ぜる。
❹ カップに等分して生地を入れ（1個約43g）、
飾りのミニトマトをのせて200〜210℃のトー
スターで13分焼く（オーブンなら220℃で予
熱し、220℃で13分焼く）。

塩チョコパン

最近人気の塩×チョコのコラボパン。
焼き立てなら、トロリとしたチョコチップも楽しめます！

材料（直径5.5cmのマフィンカップ6個分）

A
┌ 生米（浸水済み）…… 150g（浸水前115g）
│ 油 …… 23g
│ メープルシロップ …… 9g
│ 水 …… 74g
└ 塩 …… 1.5g
チョコチップ …… 40g
ベーキングパウダー …… 6g
塩（飾り用）…… 適量
チョコチップ（飾り用）…… 25g

下準備

・米を軽く洗ってボウルに入れ、たっぷりの水（分量外）
を加えて2時間以上（冬場は3時間以上）浸水させる。
・マフィン型にベーキングカップを敷く。

作り方

❶ Aをミキサーに入れ、攪拌する。
❷ 途中、何度か止めて、コンテナの周りに飛び散っ
た生地をゴムべらで落としながら、なめらかに
なるまで混ぜる。
❸ 生地をボウルに取り出してチョコチップを加え
てさっと混ぜ、さらにベーキングパウダーを加
えてゴムべらで手早く混ぜる。
❹ カップに等分して生地を入れ（1個約48g）、
飾りのチョコチップと塩をのせて200〜
210℃のトースターで13分焼く（オーブンな
ら220℃で予熱し、220℃で13分焼く）。

基本のハスク入り平焼きパン

ここまでご紹介してきたのはフライパンや型に流し込んで焼く平焼きパンでしたが、
ここからは、サイリウムハスク（オオバコ科の植物の種皮）を加えた平焼きパンです。
ハスクを加えると手で成形できるようになりますが、ここでは少量だけ加えることで
生地がやわらかく、ゴムべらでさっと形を整えることができるようになりました。
今までの成形パンに比べ、手軽でふわっふわの新しいタイプの生米パンです。

ハスク入りの平焼きパン　作り方 ▶ P32

上から、酒粕チーズパン、ジャムパン、山椒パン　作り方 ⓢ P33

基本のハスク入り平焼きパン

プレーンな生地ですが、ヴィーガンバターでこんがり焼くと、
止まらないおいしさに！
そのまま食べても、スープやカレーとあわせても。

材料（2枚分）

A ┌ 生米（浸水済み）…… 150g（浸水前115g）
  │ 油 …… 13g
  │ メープルシロップ …… 8g
  │ 塩 …… 2g
  └ ぬるま湯（約40〜50℃）…… 80g
イースト …… 2g
サイリウムハスク …… 1.5g
ヴィーガンバター（焼くとき用）、油 …… 各適量

下準備
・米を軽く洗ってボウルに入れ、たっぷりの水（分量外）を加えて
2時間以上（冬場は3時間以上）浸水させる。
・約40〜50℃のぬるま湯を用意する。
・15cm×25cmのオーブンシートを2枚、用意する。

作り方
❶ Aをミキサーに入れ、最後にイーストを加えて攪拌する。
❷ 途中、何度か止めて、コンテナの周りに飛び散った生地をゴムべらで落としながら、な
  めらかになるまで混ぜる。
❸ サイリウムハスクを加え、再びミキサーにかける。中速で10秒くらい混ぜる。
❹ バットにオーブンシートをのせて油を塗り、生地を1/2量（1枚約122g）ずつ取り分ける（バッ
  トが冷たいときは、温かいところに置いておく）。
❺ ゴムべらで少量の油を表面に塗りながら、大きさを整える。
❻ 35〜40℃で25〜30分、ひと回り大きくなるまで発酵させる（発酵方法はP76参照）。
❼ フライパンを熱してヴィーガンバターを溶かし、生地を裏返してのせたらシートをはがし、
  ふたをして5分、裏返して5分焼く。

サイリウムハスク

こちらがサイリウムハスク。オ
オバコ科の植物（サイリウム）の
種子の殻（ハスク）を粉末状に
したもので、食物繊維が豊富。
ほんの少し加えただけで生地が
固まり、成形しやすくなる。

酒粕チーズパン、ジャムパン、山椒パン

上に具材をのせる場合はオーブンやトースターを使いますが、
トースターだと予熱いらずで、より手軽にできます。
フライパンのこんがり感とは違った、白くてふんわりやわらかい焼き上がりに。
いろんな具材をのせ、バリエーションを楽しんで。

材料（3枚分）

A
- 生米（浸水済み）…… 150g（浸水前115g）
- 油 …… 13g
- メープルシロップ …… 8g
- 塩 …… 2g
- ぬるま湯（約40〜50℃）…… 80g

イースト …… 2g
サイリウムハスク …… 1.5g
油、上にのせる具材 …… 各適量

下準備
・米を軽く洗ってボウルに入れ、たっぷりの水（分量外）を加えて
2時間以上（冬場は3時間以上）浸水させる。
・約40〜50℃のぬるま湯を用意する。
・15cm×25cmのオーブンシートを3枚、用意する。

作り方
❶ Aをミキサーに入れ、最後にイーストを加えて攪拌する。
❷ 途中、何度か止めて、コンテナの周りに飛び散った生地をゴムべらで落としながら、なめらかになるまで混ぜる。
❸ サイリウムハスクを加え、再びミキサーにかける。中速で10秒くらい混ぜる。
❹ バットにオーブンシートをのせて油を塗り、生地を1/3量（1枚約81g）ずつ取りわける（バットが冷たいときは、温かいところに置いておく）。
❺ ゴムべらで少量の油を表面に塗りながら、大きさを整える。
❻ 35〜40℃で約30分、ひと回り大きくなるまで発酵させる（発酵方法はP76参照）。
❼ 生地に好みの具材をのせて、220℃のトースターで8分焼く（オーブンなら220℃で予熱し、10分焼く）。

酒粕チーズパン

味わい深い酒粕チーズ（P42）を
たっぷりのせて。
・81gの生地1枚に酒粕チーズ7g
をのせて焼く。

ジャムパン

こちらは子どもに大人気。手軽に
ジャムパンが味わえます。
・81gの生地1枚に好みのジャム
30gをのせて焼く（ここではブルーベリージャムを使用）。

山椒パン

粉山椒を表面にふりかけて。ピリリとしたアクセントで、大人味。
・粉山椒を適量のせて焼く。

成形不要の平焼きパンで作る
【 ピザ 】

ちょこっとハスクだからできる成形不要の簡単ピザはリト家の新定番。アツアツのうちにどうぞ。

くるみとごぼうのピザ

くるみとごぼう、塩麹のハーモニーがたまりません。生米チーズで深みのある味わいに。

材料（直径22cmのもの1枚分）
【 基本のピザ生地 】
A
- 生米（浸水済み）…… 150g（浸水前115g）
- オリーブ油 …… 13g
- メープルシロップ …… 8g
- 塩 …… 2g
- ぬるま湯（約40〜50℃）…… 80g

イースト …… 2g
サイリウムハスク …… 1.5g

【 トッピング 】
ごぼう …… 40g
長ねぎ …… 10g
B
- くるみ …… 50g
- 塩麹 …… 10g
- オリーブ油 …… 10g
- ブラックペッパー …… 適量

生米チーズ（P42参照）…… 30g

下準備
・米を軽く洗ってボウルに入れ、たっぷりの水（分量外）を加えて2時間以上（冬場は3時間以上）浸水させる。
・約40〜50℃のぬるま湯を用意する。
・天板に、天板いっぱいの大きさのオーブンシートを敷く。
＊トッピングはあまったら冷凍で2〜3週間保存可能。

作り方
❶ 基本のピザ生地を作る。Aをミキサーに入れ、最後にイーストを加えて撹拌する。
❷ 途中、何度か止めて、コンテナの周りに飛び散った生地をゴムべらで落としながら、なめらかになるまで混ぜる。
❸ サイリウムハスクを加え、再びミキサーにかける。高速から中速で10秒くらい混ぜる。
❹ オーブンシートに生地を取り出して半分に分け、ゴムべらで約1cmの厚さにのばし、少量のオリーブ油（分量外）を表面に塗りながら大きさを整える。
❺ 35〜40℃で約30分、ひと回り大きくなるまで発酵させる。
❻ トッピングを作る。ごぼうを5cm長さにカットし、ねぎをせん切りにする。
❼ フードプロセッサーにごぼうを入れて粗みじん切りにし、Bを加えてくるみの粒が残る程度に混ぜる。
❽ ⑤のピザ生地に、⑦を50g散らして生米チーズをのせ、250℃のトースターで15分焼く（オーブンなら220℃で予熱し、15〜20分焼く）。
❾ 食べる直前にねぎをのせる。

レモンハーブのピザ

さっぱりとした風味が楽しめる、レモン＆ハーブのピザ。しっかり水きりした豆腐はチーズのよう。

材料（23×21cmのもの1枚分）
基本のピザ生地 …… 全量
B
- 木綿豆腐 …… 100g（1晩水きり後70g）
- オリーブ油 …… 10g
- レモン汁 …… 2g
- 塩 …… 1g

にんにく …… 2〜3かけ（10g）
オリーブ油 …… 10g
ハーブミックス …… 適量
レモンの皮 …… 1/3〜1/2個分

下準備
「くるみとごぼうのピザ」と同様にする。
・豆腐は1晩、水きりする。

作り方
❶ 基本のピザ生地の①〜⑤までと同様に作り、生地を発酵させる。
❷ にんにくを2mm幅にスライスする。ピザ生地ににんにくをのせ、オリーブ油（分量外）を塗る。
❸ 250℃のトースターで15分焼く（オーブンなら220℃で予熱し、15〜20分焼く）。
❹ Bをさっと混ぜ、ハーブミックスと共に③にのせる。レモンの表面を洗い、すりおろして上に散らし、オリーブ油をかける。

【トマトソースで】マルゲリータ(写真左)、夏野菜ピザ(写真右)

トマトソースを広げたら、お好きな野菜やチーズをのせてシンプルに。
野菜はあらかじめ塩とオイルで軽くあえておくと、味が決まります。

材料(直径13cmのもの2枚分)
基本のピザ生地(P35参照) …… **全量**
【マルゲリータ】
「簡単トマトソース」(下記) …… 40g
生米チーズ(P42参照) …… 40g
生バジル …… 10〜12枚
オリーブ油 …… 適量
【夏野菜ピザ】

A
ズッキーニ …… 5mm幅の輪切り6枚
かぼちゃ …… 2〜3mm幅のスライス4枚
万願寺唐辛子 …… 2本

ミニトマト …… 4〜5個
オリーブ油 …… 5g
塩 …… 1g
簡単トマトソース(下記) …… 25g
生米チーズ(P42参照) …… 40g

下準備
「くるみとごぼうのピザ」と同様にする。
万願寺唐辛子は縦半分に切り、種を取る。

作り方
❶ 「基本のピザ生地」の①〜⑤までと同様に作り、生地を発酵させる(④で半分に分け、2枚成形する)。
【夏野菜ピザ】
❷ Aをボウルに入れてオリーブ油と塩で軽くあえ、半分に切ったミニトマトを加える。
❸ ピザ生地にトマトソースを薄く広げ、野菜とチーズをのせる。
❹ 250℃のトースターで8〜10分焼く(オーブンなら200℃で予熱し、約10分焼く)。
【マルゲリータ】
❷ ピザ生地にトマトソースを薄く広げ、チーズをのせて同様に焼く。バジルをのせ、オリーブ油をかける。

簡単トマトソースの作り方 ────
材料(作りやすい分量・約250g)
ホールトマト(固形部分) …… 250g
オリーブ油 …… 大さじ1
生バジル …… 2枚
塩 …… 小さじ1
作り方
❶ 全ての材料をミキサーのコンテナに入れ、撹拌する。
❷ 途中、何度か止めて、コンテナの周りに飛び散った生地をゴムべらで落としながら、なめらかになるまで混ぜる。
＊保存は密閉容器に入れ、冷蔵庫で2〜3日。

【 生米ホワイトソースで 】きのこピザ（写真上）、 アスパラピザ（写真下）

たっぷりきのこやアスパラガスを生米ホワイトソースでいただきます。
きのこは炒めてしっかり水分をなくしてから、のせるのがコツ。

材料（23×16cmのもの1枚分）
基本のピザ生地（P35参照）…… 全量
【きのこピザ】
きのこ（しいたけ、エリンギ、
しめじ、まいたけを合わせて）…… 150g
「生米ホワイトソース」（下記）…… 100g
オリーブ油 …… 大さじ1
塩 …… 1g

作り方
❶ 基本のピザ生地の①～⑤までと同様に作り、
　生地を発酵させる。
【きのこピザ】
❷ きのこは石づきを取り、しめじとまいたけは小
　房に分け、しいたけとエリンギは5mm幅にス
　ライスする。全てをフライパンに入れて弱火に
　かけ、炒めて水分をとばす。
❸ ②をボウルに入れ、オリーブ油と塩で軽くあえる。
❹ 生米ホワイトソースを薄く広げきのこをのせる。
❺ 250℃のトースターで15分焼く（オーブンなら
　220℃で予熱し、15～20分焼く）。
【アスパラピザ】
❷ アスパラガスの根元のかたい皮をむき、ピザ
　生地の長さに切る。
❸ 上記の「きのこピザ」の③～⑤と同様にする。

【アスパラピザ】
アスパラガス …… 細いもの10～11本
「生米ホワイトソース」（下記）…… 100g
オリーブ油 …… 5g
塩 …… 1g

下準備
「くるみとごぼうのピザ」と同様にする。

生米ホワイトソースの作り方

材料（作りやすい分量・約315g）
米（浸水済み）…… 40g（浸水前31g）
豆乳 …… 300g
油 …… 20g
塩 …… 4g

作り方
❶ 全ての材料をミキサーのコンテナに入れ、撹拌する。
❷ 途中、何度か止めて、コンテナの周りに飛び散っ
　た生地をゴムべらで落としながら、なめらかになる
　まで混ぜる。
❸ 小鍋に②を入れ、木べらでかき混ぜながら弱火に
　かける。とろみがついてきたら、焦げつかないよう
　にしっかりと練り上げる。
❹ バットに移して冷めたらラップをし、冷蔵庫に入れる。
　＊保存は密閉容器に入れ、冷蔵庫で3～4日。

成形不要の平焼きパンで作る
【 フォカッチャ 】

プレーンな平焼き生地に生のじゃがいもを加え、味に深みをプラス。
厚みがあるので、冷めたら横にスライスしてサンドイッチにしても。

基本のフォカッチャ （トースター、オーブン）

シンプルなフォカッチャは、どんなものにも合います。
毎日の食事パンとして、食卓にどうぞ。

材料（17×14cmのもの1個分）
【 基本のフォカッチャ生地 】

A
- 生米（浸水済み）…… 150g（浸水前115g）
- じゃがいも …… 40g
- 油 …… 13g
- メープルシロップ …… 8g
- 塩 …… 2g
- お湯（約50〜60℃）…… 45g

イースト …… 2g
サイリウムハスク …… 1.5g
オリーブ油、岩塩 …… 各適量

下準備
・米を軽く洗ってボウルに入れ、たっぷりの水（分量外）
を加えて2時間以上（冬場は3時間以上）浸水させる。
・約50〜60℃のぬるま湯を用意する。
・じゃがいもは皮をむいて1cm幅に切る。
・20×25cmのオーブンシートを1枚用意し、天板に敷く。

作り方
❶ Aをミキサーに入れ、最後にイーストを加えて撹拌する。
❷ 途中、何度か止めて、コンテナの周りに飛び散った生地をゴムべらで落としながら、なめらかになるまで混ぜる。
❸ サイリウムハスクを加え、再びミキサーにかける。高速で3秒くらい混ぜたら止め、コンテナの周りに飛び散った生地をゴムべらで落とし、さらに低速で5秒混ぜる。
❹ 下準備したオーブンシートの上に生地を取り出し、ゴムべらで少量のオリーブ油を表面に塗りながら、形を整える。
❺ 35〜40℃で約30分、ひと回り大きくなるまで発酵させる。
❻ 指にオリーブ油をつけながら穴を開け、岩塩をふる。
❼ 220℃のトースターで18〜20分焼く（オーブンなら220℃で予熱し、20分）。

オリーブのフォカッチャ

生地の上にスライスした好みのオリーブをのせて。
好みで、フレッシュなオリーブ油をつけて召しあがれ。

材料（17×14cmのもの1個分）
基本のフォカッチャ生地 …… 全量
好みのオリーブ …… 3〜5個
オリーブ油 …… 適量

下準備
上記の「基本のフォカッチャ」と同様にする。

作り方
❶ 上記の「基本のフォカッチャ」の①〜④までと同様に作り、種をとってスライスしたオリーブをのせ、35〜40℃で約30分、ひと回り大きくなるまで発酵させる。
❷ 発酵したら表面にオリーブ油を塗る。
❸ 220℃のトースターで18〜20分焼く（オーブンなら220℃で予熱し、20分）。

ローズマリー風味のポテトフォカッチャ

薄切りポテト、ローズマリーと一緒に焼くフォカッチャ。
オーブンから漂ういい香りに、食べる前から幸せな気分になります。

材料（17×14cmのもの1個分）

A
- 生米（浸水済み）…… 150g（浸水前115g）
- じゃがいも …… 40g
- 油 …… 13g
- メープルシロップ …… 8g
- 塩 …… 2g
- お湯（約50〜60℃）…… 45g

イースト …… 2.5g
サイリウムハスク …… 1.5g
じゃがいも …… 薄く切ったもの3枚
ローズマリー …… 3〜4本
オリーブ油、岩塩、ブラックペッパー …… 各適量

下準備

・米を軽く洗ってボウルに入れ、たっぷりの水（分量外）を加えて2時間以上（冬場は3時間以上）浸水させる。
・約50〜60℃のぬるま湯を用意する。
・じゃがいもは皮をむき、1cm幅に切る。
・20×25cmのオーブンシートを1枚用意し、天板に敷く。

作り方

❶ Aをミキサーに入れ、最後にイーストを加えて撹拌する。

❷ 途中、何度か止めて、コンテナの周りに飛び散った生地をゴムべらで落としながら、なめらかになるまで混ぜる。

❸ サイリウムハスクを加え、再びミキサーにかける。高速で3秒くらい混ぜたら止め、コンテナの周りに飛び散った生地をゴムべらで落とし、さらに低速で5秒混ぜる。

❹ 下準備したオーブンシートに生地を取り出し、ゴムべらで少量のオリーブ油を表面に塗りながら、形を整える。

❺ じゃがいもとローズマリーを④にのせる。

❻ 35〜40℃で約30分、ひと回り大きくなるまで発酵させる。

❼ 発酵したらオリーブ油を塗り、好みで岩塩やブラックペッパーをふる。

❽ 220℃のトースターで18〜20分焼く（オーブンなら220℃で予熱し、20分）。

酒粕とブラックペッパーのフォカッチャ

酒粕を練り込むと、ほんのりチーズ風味の生地になります。
奥深い味わいで、赤ワインにもぴったり。

材料（17×14cmのもの1個分）

A
- 生米（浸水済み）…… 150g（浸水前115g）
- じゃがいも …… 40g
- 油 …… 13g
- 酒粕 …… 10g
- メープルシロップ …… 8g
- 塩 …… 2.5g
- ぬるま湯（約50〜60℃）…… 45g

イースト …… 2g
サイリウムハスク …… 1.5g
オリーブ油、岩塩、ブラックペッパー …… 各適量

下準備

上の「ローズマリー風味のポテトフォカッチャ」と同様にする。

作り方

❶ 上の「ローズマリー風味のポテトフォカッチャ」の①〜④までと同様に作り、発酵させる。

❷ 指にオリーブ油をつけながら穴を開け、好みで岩塩やブラックペッパーをふる。

❸ 220℃のトースターで18〜20分焼く（オーブンなら220℃で予熱し、20分）。

生米パンと一緒に

生米パンをいただくとき、あるとうれしい手作り素材をご紹介しましょう。
どれも「卵や乳製品を使っていないのに、この味!?」と驚くような滋味深さです。

生米チーズ

ピザには欠かせないチーズも、
もち米と豆乳で作れます。
トロリとして、本物のチーズのよう。

材料（作りやすい分量・約200g）

もち米（浸水済み）…… 35g（浸水前25g）　好みの酢 …… 2g
豆乳 …… 160g　塩 …… 3g
オリーブオイル …… 50g

作り方

❶ 全ての材料をミキサーに入れ、攪拌する。
❷ 途中、何度か止めて、コンテナの周りに飛び散った生地をゴムべらで落としながら、なめらかになるまで混ぜる。
❸ 小鍋に②を入れ、木べらでかき混ぜながら、弱火にかける。
❹ とろみがついてきたら、焦げつかないようにしながらしっかり練り上げる。
❺ バットに移して冷ます。
　＊保存容器に入れ、冷蔵庫で3、4日。

酒粕チーズ

1度、作ったらやみつきになる一品。
意外なおいしさを発見できます。
酒粕もお米から作られているので
生米パンとの相性も〇。

材料（作りやすい分量・約115g）

アーモンド …… 100g
酒粕 …… 15g
塩 …… 3g
にんにく …… 適量

作り方

❶ 全ての材料をフードプロセッサーに入れてアーモンドが細かくなるまで攪拌する。
❷ ①を天板にのせて150℃のオーブンで8分焼くか、フライパンに入れて弱火にかけ、5分炒る。
　＊保存は密閉容器に入れ、冷蔵庫で2週間。

ヴィーガンクリームチーズ

このクリームチーズをベースに、
レモンの皮＆クランベリーを加えたり、
ハーブと塩、こしょうを加えたりして、
さまざまなアレンジを楽しんでみて。

材料（作りやすい分量・約190g）

豆乳ヨーグルト …… 400g（1晩水きり後170g）
ココナッツオイル …… 20g
（固まっているときは湯煎してクリーム状にする）
レモン …… 4g
塩 …… 0.5g

下準備

・豆乳ヨーグルトを1晩水きりする。
・ココナッツオイルはクリーム状にしておく。

作り方

ボウルに全ての材料を入れ、ホイッパーでよく混ぜる。
＊保存は密閉容器に入れ、冷蔵庫で3、4日。

ヴィーガンバター

ヴィーガンバターも手作りできます。
ココナッツオイルの匂いが気になる人は、
無臭タイプを選んで。
ターメリックは色づけに加えました。

材料（作りやすい分量・約130ｇ）

ココナッツオイル …… 70g	塩 …… 2g
菜種油 …… 30g	ターメリック（好みで）……
豆乳ヨーグルト …… 30g	ほんの少し（楊枝の先に少しつく程度）

下準備
ココナッツオイルはクリーム状にしておく。

作り方
❶ 全ての材料をミキサーに入れて攪拌する。
❷ 途中、何度か止めて、コンテナの周りに飛び散ったペーストをゴムべらで落としながら、なめらかになるまで混ぜる。
　　＊保存は密閉容器に入れ、冷蔵庫で3、4日。冷凍庫で約1ヵ月。

生米マヨネーズ

マヨネーズもお米と豆乳で
作れてしまうという驚きレシピ。
口にすると、まさにマヨネーズ。
さっぱりしていて、試す価値ありです！

材料（作りやすい分量・約200ｇ）

米（浸水済み）…… 25g（浸水前19g）	マスタード …… 7g
豆乳 …… 150g	塩 …… 3g
菜種油 …… 45g	

作り方
❶ 全ての材料をミキサーに入れ、攪拌する。
❷ 途中、何度か止めて、コンテナの周りに飛び散った生地をゴムべらで落としながら、なめらかになるまで混ぜる。
❸ 小鍋に②を入れ、木べらでかき混ぜながら、弱火にかける。
❹ とろみがついてきたら、焦げつかないようにしっかりと練り上げる。
❺ 容器に移して冷ます。
　　＊保存は冷蔵庫で1週間。

カラフルラスク

もしも平焼きパンがあまってしまったら、薄く切って
カリカリに焼けば、ラスクになります。生米チーズや
ヴィーガンクリームチーズなどともあうし、そのまま食べても。

材料
好きな平焼きパン …… 好みの分量
ヴィーガンバター …… 適量

作り方
❶ パンを5mm幅にスライスする。
❷ 天板にオーブンシートを敷いてパンを並べ、150℃のオーブンで20分焼く。
❸ 1度取り出して裏返し、ヴィーガンバターを塗って、さらに10〜15分こんがりと焼き色がつくまで焼く（トースターなら140℃で17分、裏返して10分）。
❹ 天板にのせて冷ます。
　　＊保存は密閉容器に入れ、冷蔵庫で3、4日。

PART **2**

人気の
『成形パン』

町のパン屋さんで大人気の成形パンも、生米パンで手作りできます。
メロンパンからクリームパン、エピまで、
どれを作ってもヘルシーで、そして本当においしいのです。
フライパンの平焼きパンが慣れてきたら、チャレンジしてみませんか。

ハスクを入れて自由に成形。
トースターやフライパンでいろんなパンを楽しんで。

豆乳ちぎりパン

材料（直径5cmのもの9個分）

A
- 生米（浸水済み）…… 225g（浸水前173g）
- 油 …… 30g
- メープルシロップ …… 45g
- 塩 …… 3g
- 豆乳（冷えたもの）…… 85g
- お湯（70〜80℃）…… 30g

イースト …… 3g
サイリウムハスク …… 4.5g
油 …… 適量

下準備
・米を軽く洗ってボウルに入れ、たっぷりの水（分量外）を加えて2時間以上（冬場は3時間以上）浸水させる（a）。
・70〜80℃のお湯を用意する。
・20×20cmのオーブンシートを用意する。

a

1

ミキサーに材料を
はかり入れる

❶ 生米の水をしっかりきる（**b**）。

❷ **A**（浸水済みの生米225g、油30g、メー
   プルシロップ45g、塩3g、豆乳85g、
   70〜80℃のお湯30g）を全てミキサー
   に入れ、最後にイースト3gを加える。

水の微調整はつい入れす
ぎてしまうので、最後に
少し入れたいときは、霧
吹きでプラス。

2

攪拌する

途中、何度か止めて、コンテナの周りに
飛び散った生地をゴムべらで落としなが
ら（**c**）、なめらかになるまで混ぜる。

c

ハスクを加えて
さらに攪拌する

サイリウムハスク4.5gを加え、再びミキサーにかける。高速で3秒くらい混ぜたら止め、コンテナの周りに飛び散った生地をゴムべらで落とし（d）、さらに低速で5秒混ぜる。

生地はこんな感じに仕上がる。

生地を取り分け、
成形する

❶ オーブンシートに油を薄く広げ、ゴムべらで1/9量ずつ（1個約46g）に分けながら取り出す。

❷ 手に油を少量取って生地を丸め、5mmずつ間隔をあけて縦横3個ずつ並べる。生地の状態が変わりやすいのでここは手早く作業。

ゴムべらを2本使ってとことん生地を取り切る。

最後に空回しすると、羽根についた生地が取れる。

5

発酵させる

35〜40℃で30〜40分、ひと回り大きく
なるまで発酵させる。

熱湯入りのコップを
置いてカバーをし、
保温して発酵させる。

あるいは

オーブンの発酵機能
で発酵させる。

発酵が終わると、1.5倍にふくらむ。

6

焼いて冷ます

❶ 表面に油を塗り、220℃のトースター
やオーブン(オーブンなら220℃で予
熱する)で11分焼く。

❷ 焼き上がったら、網にのせて冷ます。
保存は密閉容器や密閉袋で。

フライパンで焼くと……

フライパンで焼くなら20
cmのもので。隙間なく
並べ、弱火で10分、裏
返して7分焼きます。香
ばしく、もちもち感もUP
して焦げ目がおいしく仕
上がります。

こんがりメープルメロンパン

サクサクのクッキー生地が香ばしいメロンパン。小さくかわいい見た目で、子どもたちも喜ぶおやつに。

材料（直径9cmのもの4個分）

A	生米（浸水済み） …… 150g（浸水前115g） 油 …… 20g メープルシロップ …… 30g 塩 …… 2g ぬるま湯（40〜50℃） …… 68g	イースト …… 2g サイリウムハスク …… 3g 油 …… 適量 「生米クッキー生地」（下記） …… 全量

下準備

・米を軽く洗ってボウルに入れ、たっぷりの水（分量外）を加えて2時間以上（冬場は3時間以上）浸水させる。
・40〜50℃のぬるま湯を用意する。 ・12×12cmのオーブンシートを4枚、用意する。

作り方

❶ Aをミキサーに入れて最後にイーストを加え、撹拌する。
❷ 途中、何度か止めて、コンテナの周りに飛び散った生地をゴムべらで落としながら、なめらかになるまで混ぜる。
❸ サイリウムハスクを加え、再びミキサーにかける。高速で3秒くらい混ぜたら止め、コンテナの周りに飛び散った生地をゴムべらで落とし、さらに低速で5秒混ぜる。
❹ バットにオーブンシートを敷いて油を薄く広げ、ゴムべらで1/4量ずつ（1個約66g）に分けながら取り出す。
❺ 手に油を少量取って生地を丸め、用意したオーブンシートにのせる。
❻ 35〜40℃で20〜30分、ひと回り大きくなるまで発酵させる。
❼ 下のクッキー生地をパン生地にそっとかぶせてなじませ（a）、カードで格子模様をつける（b）。
❽ 210℃のトースターで11〜12分焼く（オーブンなら200℃で予熱し、11分）。

a そのままパン生地にのせ、やさしくなじませる。

b カードで表面に模様をつける。

生米クッキー生地

メロンパンの上にのせるクッキー生地も生米で。アーモンドも生ならではの香ばしさです。

材料（直径9cmのもの4個分）

生米（浸水済み）
…… 80g（浸水前62g）
生アーモンド …… 28g

A	メープルシロップ …… 50g 油 …… 33g 塩 …… 少々

作り方

❶ 米を190℃のオーブンで10分焼いて冷ます。
❷ ミキサーに①を入れて撹拌し、細かくなったらアーモンドを加えてさらに撹拌する。途中、止めてゴムべらでさっと混ぜる。
❸ Aを加えて低速でまとまるまで撹拌したら1/4量ずつ（1個約40g）ラップにはさみ、めん棒で直径11cmの円形にする（c）。

c ラップにはさんだまま、のばすとやりやすい。

＊生米のみを撹拌するとき、商品によってはコンテナに細かい傷がつくことがあるので、気になる人には米粉をおすすめします（レシピ・P77）。

レモンクリームパン

見た目が本物のレモンにそっくりな、レモンクリームパン。ほんのり甘いパン生地に、
レモンの香りがさわやかなカスタードクリームをあわせれば、あっという間にペロリ!

材料（直径9cmのもの4個分）

A
生米（浸水済み）…… 150g（浸水前115g）	イースト …… 2g
油 …… 20g	サイリウムハスク …… 3g
メープルシロップ …… 30g	油……適量
塩 …… 2g	「生米レモンカスタードクリーム」（下記）…… 160g
豆乳 …… 57g	
お湯（70〜80℃）…… 20g	

下準備

・米を軽く洗ってボウルに入れ、たっぷりの水（分量外）を加えて2時間以上（冬場は3時間以上）浸水させる。
・70〜80℃のお湯を用意する。
・12×10cmのオーブンシートを4枚、用意する。

作り方

❶ Aをミキサーに入れ、最後にイーストを加えて攪拌する。

❷ 途中、何度か止めて、コンテナの周りに飛び散った生地をゴムべらで落とし
ながら、なめらかになるまで混ぜる。

❸ サイリウムハスクを加え、再びミキサーにかける。高速で3秒くらい混ぜたら止め、
コンテナの周りに飛び散った生地をゴムべらで落とし、さらに低速で5秒混ぜる。
バットにオーブンシートを敷いて油を薄く広げ、ゴムべらで1/4量ずつ（1個約
68g）に分けながら取り出す。

❹ 手に油を少量取って生地を丸め、めん棒で長さ13×8cmの楕円形にする。

❺ ④の中央にクリームを1/4量ずつのせて半分に折り、しっかり閉じる（a）（b）。
閉じ目を下にして、用意したオーブンシートにのせ、レモン形に成形する。

❻ 表面に油を塗り、35〜40℃で約30分、ひと回り大きくなるまで発酵させる。

❼ 220℃のトースターで11〜12分焼く（オーブンなら220℃で予熱し、12分焼く）。

❽ 焼き上がったら、網にのせて冷ます。

a
半分に折り、閉じる。

b
閉じ目を折り、なじませる。

生米レモンカスタードクリーム

生米で作るカスタードクリームは、コクがあるのにあっさりテイスト。
レモン抜きでカスタードクリームを作るなら、豆乳は130gに。

c
焦げつかないよう注意して。

材料（作りやすい分量・約200g）

生米（浸水済み）…… 35g
豆乳 …… 120g
メープルシロップ …… 40g
油 …… 25g
レモン汁 …… 10g
塩 …… ひとつまみ

作り方

❶ 全ての材料をミキサーに入れ、攪拌する。

❷ 途中、何度か止めて、コンテナの周りに飛び散った生地をゴムべらで
落としながら、なめらかになるまで混ぜる。

❸ 小鍋に②を入れ、木べらでかき混ぜながら、弱火にかける。

❹ とろみがついてきたら、焦げつかないようにしっかりと練り上げる（c）。

❺ バットに移して冷めたらラップをし、冷蔵庫で保存する。
＊冷蔵庫で2〜3日間保存できる（冷凍不可）。

煮りんごの包みパン

生のりんごを練り込んだほんのり甘い生米パンの生地で甘酸っぱい煮りんごを包みました。
りんごのおいしい季節になったら、たびたび食べたくなるパンです。

材料 **(直径9㎝のもの4個分)**

A
生米(浸水済み) …… 150g(浸水前115g)	イースト …… 2g
油 …… 8g	サイリウムハスク …… 3g
メープルシロップ …… 20g	(好みで)シナモンパウダー …… 適量
りんご(皮をむく) …… 50g	油 …… 適量
塩 …… 2g	
お湯(70〜80℃) …… 25g	「煮りんご」(下記) …… 全量

下準備
・米を軽く洗ってボウルに入れ、たっぷりの水(分量外)を加えて2時間以上(冬場は3時間以上)浸水させる。
・70〜80℃のお湯を用意する。
・10×10cmのオーブンシートを4枚、用意する。

作り方
❶ Aをミキサーに入れ、最後にイーストを加えて攪拌する。
❷ 途中、何度か止めて、コンテナの周りに飛び散った生地をゴムべらで落としながら、なめらかになるまで混ぜる。
❸ サイリウムハスクを加え、再びミキサーにかける。高速で3秒くらい混ぜたら止め、コンテナの周りに飛び散った生地をゴムべらで落とし、さらに低速で5秒混ぜる。
❹ バットにオーブンシートを敷いて油を薄く広げ、ゴムべらで1/4量ずつ(1個約62g)に分けながら取り出す。
❺ 手に油を少量取って生地を丸め、直径11cmの円形にする。
❻ 生地の中央に煮りんごをのせて包む(a)。
❼ 閉じ目を下にして、用意したオーブンシートにのせ、35〜40℃で20〜30分、ひと回り大きくなるまで発酵させる。
❽ キッチンバサミで十字に切り込みを入れ(b)、表面に油を塗る。
❾ 220℃のトースターやオーブンで13分焼く(オーブンなら220℃で予熱する)。
❿ 焼き上がったら、網にのせて冷ます。

a
4方向から閉じる。

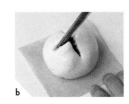

b
1つずつ、切り込みを入れる。

煮りんご

りんごは皮ごと使うので、塩で表面をしっかり洗って。おすすめは色がきれいな紅玉です。シナモンパウダーはお好みで。

材料 **(煮りんごの包みパン4個分)**

りんご …… 小1個(可食部180g)

A
レモン汁 …… 10g
メープルシロップ …… 20g
(好みで)シナモンパウダー …… 適量

作り方
❶ りんごは芯を除き、1.5cm角に切って鍋に入れ、Aを加える。
❷ 鍋を中火にかけ、6〜8分、水分がなくなるまで煮る。
❸ バットにとって冷まし(c)、4等分する。

c
小分けして冷ましておく。

焼ききなこパン

懐かしくやさしい味わいのきなこパン。
揚げずに焼いた、ヘルシーおやつです。

材料（直径9cmのもの4個分）

A ┌ 生米（浸水済み）…… 150g（浸水前115g）
  │ 油 …… 20g
  │ メープルシロップ …… 30g
  │ 塩 …… 2g
  └ ぬるま湯（40〜50℃）…… 68g

イースト …… 2g

サイリウムハスク …… 3g

きなこ、メープルシロップ、油 …… 各適量

下準備

・米を軽く洗ってボウルに入れ、たっぷりの水（分量外）を加えて2時間以上（冬場は3時間以上）浸水させる。
・40〜50℃のぬるま湯を用意する。
・オーブンを220℃で予熱する。
・10×10cmのオーブンシートを4枚、用意する。

作り方

❶ Aをミキサーに入れて最後にイーストを加え、撹拌する。

❷ 途中、何度か止めて、コンテナの周りに飛び散った生地をゴムべらで落としながら、なめらかになるまで混ぜる。

❸ サイリウムハスクを加え、再びミキサーにかける。高速で3秒くらい混ぜたら止め、コンテナの周りに飛び散った生地をゴムべらで落とし、さらに低速で5秒混ぜる。

❹ バットにオーブンシートを敷いて油を薄く広げ、ゴムべらで1/4量ずつ（1個約66g）に分けながら取り出す。

❺ 手に油を少量取って生地を丸める。

❻ 用意したオーブンシートにのせて表面に油を塗り、35〜40℃で20〜30分、ひと回り大きくなるまで発酵させる。

❼ 220℃のトースターやオーブンで12〜13分焼く（オーブンなら220℃で予熱する）。

❽ 焼き上がったら網にのせ、冷めたらバットにのせてメープルシロップをまんべんなく塗り、きなこをまぶす。

あんこのおやき

おやきは、生米パンのお得意ラインナップの一つ。
切り干し大根や野沢菜などを入れた塩味のおやきもおすすめです。

材料（直径9cmのもの4個分）

A
- 生米（浸水済み）
  …… 150g（浸水前115g）
- 油 …… 8g
- メープルシロップ …… 8g
- 塩 …… 2g
- ぬるま湯（40〜50℃） …… 80g

イースト …… 2g

サイリウムハスク …… 3g

あんこ …… 140g

油 …… 適量

下準備

・米を軽く洗ってボウルに入れ、たっぷりの水（分量外）を加えて2時間以上（冬場は3時間以上）浸水させる。
・40〜50℃のぬるま湯を用意する。
・10×10cmのオーブンシートを4枚、用意する。
・あんこを35gずつ丸め、1cm厚さにつぶしておく。

作り方

❶ Aをミキサーに入れて最後にイーストを加え、攪拌する。

❷ 途中、何度か止めて、コンテナの周りに飛び散った生地をゴムべらで落としながら、なめらかになるまで混ぜる。

❸ サイリウムハスクを加え、再びミキサーにかける。高速で3秒くらい混ぜたら止め、コンテナの周りに飛び散った生地をゴムべらで落とし、さらに低速で5秒混ぜる。

❹ バットにオーブンシートを敷いて油を薄く広げ、ゴムべらで1/4量ずつ（1個約60g）に分けながら取り出す。

❺ 手に油を少量取って生地を丸め、手のひらにのせて押しつぶし、直径10cmの円形にする。

❻ つぶしたあんこを生地の中央にのせて包み、閉じ目を下にして、用意したオーブンシートにのせる。

❼ 生地の表面に油を塗り、35〜40℃で20〜30分、ひと回り大きくなるまで発酵させる。

❽ フライパンを熱し、軽く油をなじませ、生地を置いてそっとオーブンシートをはがし、ふたをして5分、裏返してさらに5分焼く。

❾ 焼き上がったら、網にのせて冷ます。

3つのねじりパン 作り方 ⊙ P60

ヴィーガンエピ　作り方 ⊙ P61

3つのねじりパン

食べやすく、見た目もかわいいねじりパン。
枝豆と栗チョコ、ミックスナッツという3つの味をご紹介します。

材料（長さ23cmのもの4本分）

A
- 生米（浸水済み）…… 150g（浸水前115g）
- 油 …… 8g
- メープルシロップ …… 8g
- 塩 …… 2g
- ぬるま湯（40〜50℃）…… 70g
- （栗チョコ／ナッツは各75g）

イースト …… 2g
サイリウムハスク …… 3g
油 …… 適量

【枝豆パン】
枝豆 …… 60g

【栗チョコパン】
チョコチップ …… 30g
甘栗 …… 30g

【ミックスナッツパン】
好みのナッツ …… 50g

下準備

・米を軽く洗ってボウルに入れ、たっぷりの水（分量外）を加えて2時間以上（冬場は3時間以上）浸水させる。
・40〜50℃のぬるま湯を用意する。
・27×6cmのオーブンシートを4枚用意する。
・【枝豆パン】枝豆は塩ゆでして（冷凍枝豆なら解凍して）、さやから出しておく。
・【栗チョコパン】甘栗は適当な大きさにカットする。
・【ミックスナッツパン】160℃のオーブンで10分、ナッツをローストし、適当な大きさにカットする。

作り方

❶ Aをミキサーに入れて最後にイーストを加え、攪拌する。

❷ 途中、何度か止めて、コンテナの周りに飛び散った生地をゴムべらで落としながら、なめらかになるまで混ぜる。

❸ サイリウムハスクを加え、再びミキサーにかける。高速で3秒くらい混ぜたら止め、コンテナの周りに飛び散った生地をゴムべらで落とし、さらに低速で5秒混ぜる。

❹ バットにオーブンシートを敷いて油を薄く広げ、取り出す。

❺ 手に油を少量取って生地を丸め、生地を15×25cmの長方形にして半分に枝豆（栗チョコ／ナッツ）を散らし（a）、半分に折るように生地を重ねる。

❻ 切り口に軽く油を塗ったカードで縦に4等分（b）し、1つずつ長細くねじって（c）オーブンシートにのせる。

❼ 35〜40℃で20〜30分、ひと回り大きくなるまで発酵させる。

❽ 表面に油を塗り、230℃のトースターで13分焼く（オーブンなら220℃で予熱し、15分焼く）。

❾ 焼き上がったら、網にのせて冷ます。

a
具材を生地の半分にのせる。

b
まん中でたたみ、4つに切る。

c
1つずつ、長く伸ばしながらねじる。

ヴィーガンエピ

ベーコンエピならぬ、ヴィーガンエピも生米パンでチャレンジ。
ダブルヴィーガンチーズでぐんとコクを出しました。

材料 (長さ23cmのもの2本分)

A
- 生米(浸水済み) …… 150g(浸水前115g)
- 油 …… 8g
- メープルシロップ …… 8g
- 塩 …… 2g
- ぬるま湯(40〜50℃) …… 80g

イースト …… 2g
サイリウムハスク …… 3g
酒粕チーズ(P42参照) …… 12g
生米チーズ(P42参照) …… 30g
油 …… 適量

下準備

・米を軽く洗ってボウルに入れ、たっぷりの水(分量外)を加えて2時間以上(冬場は3時間以上)浸水させる。
・40〜50℃のぬるま湯を用意する。
・26×12cmのオーブンシートを2枚用意する。

作り方

❶ Aをミキサーに入れて最後にイーストを加え、撹拌する。

❷ 途中、何度か止めて、コンテナの周りに飛び散った生地をゴムべらで落としながら、なめらかになるまで混ぜる。

❸ サイリウムハスクを加え、再びミキサーにかける。高速で3秒くらい混ぜたら止め、コンテナの周りに飛び散った生地をゴムべらで落とし、さらに低速で5秒混ぜる。

❹ バットにオーブンシートを敷いて油を薄く広げ、ゴムべらで1/2量ずつ(1本約121g)に分けながら取り出す。

❺ 手に油を少量取って生地を丸めたら油を薄く広げたオーブンシートに生地をのせ、18×10cmの長方形にして生米チーズを塗り、酒粕チーズをふりかける(a)。

❻ 生地を長い辺から巻いて棒状にし(b)、閉じ目をしっかりとめてまっすぐの棒状に形を整え(長さ23㎝)、閉じ目を下にしてオーブンシートにのせる。

❼ 35〜40℃で20〜30分、ひと回り大きくなるまで発酵させる。

❽ キッチンバサミで、斜めに6ヶ所切り込みを入れる(切り離さない)。一回切ったら左へ倒し、もう一回切ったら今度は右へ倒しを繰り返す(c)。

❾ 220℃のトースターやオーブンで13分焼く(オーブンなら220℃で予熱する)。

❿ 焼き上がったら、網にのせて冷ます。

a
広げた生地にチーズを散らす。

b
クルクルと巻いていく。

c
切るたびに左右に倒していく。

オニオン生米チーズパン

クルクル巻いたパン生地の中にはとろ〜リヴィーガンチーズと玉ねぎが。
焼きたてのアツアツをほおばって。

材料（直径9cmのもの4個分）

A
- 生米（浸水済み）…… 150g（浸水前115g）
- 油 …… 8g
- メープルシロップ …… 8g
- 塩 …… 2g
- ぬるま湯（40〜50℃）…… 80g

イースト …… 2g
サイリウムハスク …… 3g
玉ねぎ …… 50g
生米チーズ（P43参照）…… 30g
ブラックペッパー …… 適量
油 …… 適量

下準備

・米を軽く洗ってボウルに入れ、たっぷりの水（分量外）を加えて2時間以上（冬場は3時間以上）浸水させる。
・40〜50℃のぬるま湯を用意する。
・10×10cmのオーブンシートを4枚、用意する。
・玉ねぎをスライスする。

作り方

❶ Aをミキサーに入れて最後にイーストを加え、攪拌する。

❷ 途中、何度か止めて、コンテナの周りに飛び散った生地をゴムべらで落としながら、なめらかになるまで混ぜる。

❸ サイリウムハスクを加え、再びミキサーにかける。高速で3秒くらい混ぜたら止め、コンテナの周りに飛び散った生地をゴムべらで落とし、さらに低速で5秒混ぜる。

❹ バットにオーブンシートを敷いて油を薄く広げ、ゴムべらで取り出す。

❺ 手に油を少量取って生地を丸めたら、生地を20×12cmの長方形にして生米チーズを塗り（a）、玉ねぎをのせる。

❻ 生地を縦長に置き、手前から奥に向かってクルクルと巻く（b）。

❼ 巻き終わりを下にしてカードで4等分にしたら（c・カードの切り口に薄く油を塗ると切りやすい）、油を塗ったオーブンシートに切り口を上に向けて置き、上から軽く押して3cmくらいの厚みにし、ブラックペッパーをふる。

❽ 35〜40℃で20〜30分、ひと回り大きくなるまで発酵させる。

❾ 220℃のトースターで10分焼く（オーブンなら220℃で予熱し、14分焼く）。

❿ 焼き上がったら、網にのせて冷ます。

a 生地にチーズを広げる。

b 手前からクルクル巻く。

c カードなどで4等分する。

焼きカレーパン

ひよこ豆がたっぷりつまった、焼きカレーパン。揚げずにオイルをふりかけて
焼いているので、香ばしさも感じられるヘルシーなカレーパンです。

材料（10㎝長さのもの4個分）

A
- 生米（浸水済み）…… 150g（浸水前115g）
- 油 …… 8g
- メープルシロップ …… 8g
- 塩 …… 2g
- ぬるま湯（40〜50℃）…… 80g

イースト …… 2g
サイリウムハスク …… 3g
「ひよこ豆のカレー」（下記）…… 140g
パン粉、油 …… 各適量

下準備

- 米を軽く洗ってボウルに入れ、たっぷりの水（分量外）を加えて2時間以上（冬場は3時間以上）浸水させる。
- 40〜50℃のぬるま湯を用意する。
- 15×10cmのオーブンシートを4枚、用意する。
- ひよこ豆カレーは常温にし、35gずつの俵形を4つ作る。
- バットにパン粉を適量、出しておく。

作り方

❶ Aをミキサーに入れて最後にイーストを加え、攪拌する。

❷ 途中、何度か止めて、コンテナの周りに飛び散った生地をゴムべらで落としながら、なめらかになるまで混ぜる。

❸ サイリウムハスクを加え、再びミキサーにかける。高速で3秒くらい混ぜたら止め、コンテナの周りに飛び散った生地をゴムべらで落とし、さらに低速で5秒混ぜる。

❹ バットにオーブンシートを敷いて油を薄く広げ、ゴムべらで1/4量ずつ（1個約60g）に分けながら取り出す。

❺ 手に油を少量取って生地を丸め、直径10cmの円形にする。

❻ カレーを中心にのせて包み、閉じ目をしっかりとめて形を整え、パン粉をつける（a）。閉じ目を下にしてオーブンシートにのせる。

❼ 35〜40℃で20〜30分、ひと回り大きくなるまで発酵させる。

❽ パン粉がはがれ落ちている部分にパン粉を補い、上から油を少しずつかける。

❾ 210℃のトースターで14分焼く（オーブンなら220℃で予熱し、14分焼く）。

❿ 焼き上がったら、網にのせて冷ます。

a まんべんなくパン粉をつける。

ひよこ豆のカレー

材料（作りやすい分量・約280g）

ひよこ豆（ゆで）……約160g（乾燥豆なら80g）

A
- 玉ねぎ（みじん切り）…… 60g
- にんにく（みじん切り）…… 1かけ分
- しょうが（みじん切り）…… 1かけ分

B
- トマトペースト …… 18g
- カレー粉 …… 5g
- 塩 …… 4g
- 水 …… 100g

油 …… 20g

作り方

❶ フライパンを中火にかけ、油を熱してAを炒める。

❷ ひよこ豆とBを加え、豆を軽くつぶしながら水けがなくなるまでさらに炒める。

❸ 水けがなくなったら火を止め、冷ます。
＊乾燥のひよこ豆を使う場合、たっぷりの水（分量外）に1晩浸水させ、鍋に入れて沸騰したら、弱火にしてふたをし、やわらかくなるまで30〜40分煮る。

カラフルベーグル

 ## にんじんベーグル

ビタミンカラーの黄色はにんじんの色。
作るだけで元気がもらえそう。

材料（直径8cmのもの3個分）

A
- 生米（浸水済み）…… 150g（浸水前115g）
- 油 …… 8g
- メープルシロップ …… 8g
- 塩 …… 2g
- にんじん …… 30g
- お湯（60〜70℃）…… 43g

- イースト …… 2g
- サイリウムハスク …… 3g
- メープルシロップ（ゆで用）…… 大さじ1〜2
- 油 …… 適宜

下準備

・米を軽く洗ってボウルに入れ、たっぷりの水（分量外）を加えて2時間以上（冬場は3時間以上）浸水させる。
・60〜70℃のお湯を用意する。 ・12cm角のオーブンシートを3枚用意する。 ・にんじんを2〜3cm角にカットする。

作り方

❶ Aをミキサーに入れて最後にイーストを加え、攪拌する。

❷ 途中、何度か止めて、コンテナの周りに飛び散った生地をゴムべらで落としながら、なめらかになるまで混ぜる。

❸ サイリウムハスクを加え、再びミキサーにかける。高速で3秒くらい混ぜたら止め、コンテナの周りに飛び散った生地をゴムべらで落とし、さらに低速で5秒混ぜる。

❹ バットにオーブンシートを敷いて油を薄く広げ、ゴムべらで1/3量ずつ（1個約78g）に分けながら取り出す。

❺ 手に油を少量取って生地を丸め、長さ18cmの棒状にしたら生地の片側を押しつぶして平らにする。平らにした端で、もう一方の端を包むようにしてとめ、リング状にする。

❻ 油を塗ったオーブンシートにのせ、35〜40℃で10〜15分発酵させる。

❼ 大きめのフライパンや鍋に水2L（分量外）とメープルシロップ大さじ2を加え、沸騰直前まで温める。

❽ 生地を湯に入れて片面15秒ずつゆで、天板のオーブンシートに取り出す。

❾ 210℃のトースターで13分焼く（オーブンなら220℃で予熱し、13分焼く）。

❿ 焼き上がったら、網にのせて冷ます。

ベーグルも生米パンのお得意レシピ。
生米パンのもちもち感はベーグルにぴったり！
生の素材そのもののカラフルカラーも楽しんで。

 ## ブルーベリーベーグル

ベーグルの定番、ブルーベリー。
生地にそのまま練り込めるのは、生米パンならでは。

材料（直径8cmのもの3個分）

A
- 生米（浸水済み）…… 150g（浸水前115g）
- 油 …… 8g
- メープルシロップ …… 8g
- 塩 …… 2g
- お湯（約60〜70℃）…… 43g
- ブルーベリー …… 30g

イースト …… 2g
サイリウムハスク …… 3g
メープルシロップ（ゆで用）…… 大さじ1〜2
油 …… 適宜

下準備・作り方

「にんじんベーグル」と同様。発酵のみ、15〜20分に。

 ## 大葉ベーグル

さわやかな香りがする大葉のベーグル。
チーズやクリームとの相性がよいのです。

材料（直径8cmのもの3個分）

A
- 生米（浸水済み）…… 150g（浸水前115g）
- 油 …… 8g
- メープルシロップ …… 8g
- 塩 …… 2g
- 大葉 …… 3g（約6枚）
- ぬるま湯（40〜50℃）…… 67g

イースト …… 2g
サイリウムハスク …… 3g
メープルシロップ（ゆで用）…… 大さじ1〜2
油 …… 適宜

下準備・作り方

「にんじんベーグル」と同様。

 ## ビーツ＆ポテトベーグル

個性の強いビーツはじゃがいもと合わせれば食べやすく、
かわいいピンクで気分もUP！

材料（直径8cmのもの3個分）

A
- 生米（浸水済み）…… 150g（浸水前115g）
- 油 …… 8g
- メープルシロップ …… 8g
- 塩 …… 2g
- お湯（約50〜60℃）…… 50g
- じゃがいも …… 20g
- ビーツ …… 10g

イースト …… 2g
サイリウムハスク …… 3g
メープルシロップ（ゆで用）…… 大さじ1〜2
油 …… 適宜

下準備・作り方

「にんじんベーグル」と同様。

ベーグルサンドイッチ

ベーグルは、冷めたら横半分にスライスしてサンドイッチにしてもGOOD。
他の生米パンもこんな具材と一緒に、というご提案です!

にんじんベーグル ×
アボカド×レモン紫キャベツ

ヘルシーな取り合わせ。紫キャベツは作る直前にあえ、
シャキシャキのうちに召しあがれ。

材料(3個分)
アボカド …… 小1個
紫キャベツ …… 60g

A [オリーブ油 …… 4g
    レモン汁 …… 4g
    塩 …… 少々
生米マヨネーズ(P43参照) …… 45g

作り方
❶ アボカドは皮をむいて種を除き、薄くスライス
　する。
❷ 紫キャベツはせん切りにし、Aを入れたボウル
　で作る直前に軽くあえる。
❸ スライスしたベーグルにお米マヨネーズを塗り、
　①と②を適量ずつのせてサンドする。

ブルーベリーベーグル ×
クランベリークリームチーズ

ベーグルには定番のクリームチーズ。
ブルーベリー&クランベリーで、ベリーのおいしさが2倍に!

材料と作り方
スライスしたベーグルにクランベリークリームチー
ズをのせてサンドする。

- -

クランベリークリームチーズ

甘酸っぱさが魅力のクランベリークリームチーズ。
作りたてのヴィーガンクリームチーズを使用して。

材料(3個分)
ヴィーガンクリームチーズ(P42参照) …… 100g
クランベリー …… 50g
レモンの皮 …… 適量

作り方
ボウルに全ての材料を入れて混ぜる。

大葉ベーグル ×
ヴィーガン卵サラダ

さわやかなハーブが香るベーグルには
やさしい風味のヴィーガン卵サラダを。

材料と作り方
スライスしたベーグルにベビーリーフ適量を敷き、
ヴィーガン卵サラダを50gのせてサンドする。

- -

ヴィーガン卵サラダ

豆腐なのに、ブラックソルトのおかげもあって
卵サラダだと感じる不思議！
フォークで混ぜて豆腐の食感を残すと、
より卵っぽく仕上がります。

材料（3個分）
木綿豆腐 …… 150g（1晩水きり後110g）
ターメリック …… ほんの少し
お米マヨネーズ（P43参照）…… 40g
ブラックソルト …… 1つまみ

作り方
❶ 豆腐を1晩水きりする。
❷ ボウルに全ての材料を入れてフォークで混ぜる。

ビーツ＆ポテトベーグル ×
パプリカマリネ

酸味をきかせたマリネ野菜は
ほんのり甘いベーグルとあわせて。

材料と作り方
スライスしたベーグルに、パプリカマリネ適量を
サンドする。

- -

パプリカマリネ

マリネは2～3日漬け込んだほうが、味がしみこんでおいしい。
パプリカはお好きな色味をチョイス。

材料（3個分）
パプリカ …… 1～2個
にんにく …… 1かけ
A ┌ レモン汁 …… 20g
  │ 塩麹 …… 20g
  │ オリーブ油 …… 10g
  └ ブラックペッパー …… 少々

作り方
❶ パプリカは2～3cm幅に切る。にんにくはスライスする。
❷ Aを全てバットに入れ、混ぜる。
❸ フライパンにオリーブ油少々（分量外）を入れて中火にかけ、①をこんがり焦げ目がつくまで焼いて②に入れる。
❹ 数時間から2～3日漬けておく。

パンと一緒に飲みたいスープ

生米パンのお供におすすめのスープをご紹介しましょう。
どれも素材を生かしたシンプルレシピです。

お米ととうもろこしの
ポタージュ

とろみを小麦粉や米粉でなく、
お米でつけたやさしいポタージュ。
夏にはぜひ、採れたてのとうもろこしで。
やっぱり甘みが違います。

材料 (4人分)
米 (浸水済み) …… 20g (浸水前15g)
玉ねぎ …… 10g
とうもろこし (缶入り) …… 125g
しいたけ昆布だし (*) …… 370ml
塩 …… 少々

(好みで)オリーブ油、酒粕チーズ (P42参照)
…… 適量

作り方
❶ 全ての材料をミキサーに入れ、なめら
　かになるまで攪拌する。
❷ ①を小鍋に入れて中火にかけ、木べら
　で混ぜながら5分加熱する。
❸ 器に盛り、好みでオリーブ油と酒粕チー
　ズをかける。

しいたけ昆布だしの作り方 ───────
❶ 昆布5cm分と干ししいたけ2個をピンに入
　れて水を420ml(スープの水分量＋50ml)
　を加え、1晩冷蔵庫に入れておく。
❷ 翌日、昆布と干ししいたけを引き上げ、
　だしとして使用。
　*だしはその日のうちに使い切って。

ミニトマトの具だくさんスープ

ミニトマトの甘さといろいろな野菜の滋味がしみ出したスープ。
塩麹が味を程よく引き締め、ローズマリーで風味をプラスします。

材料（4人分）

A
- じゃがいも …… 100g（約大1/2個分）
- 玉ねぎ …… 60g（約中1/3個分）
- セロリ …… 30g
- にんじん …… 30g
- しめじ …… 30g
- にんにく …… 1かけ

オリーブ油 …… 小さじ1

塩 …… 3g

B
- ミニトマト …… 150g
- 水 …… 400ml
- 塩麹 …… 10g
- ローズマリー …… 10cm

作り方

❶ **A**を全て粗みじん切りにする。**B**のミニトマトは半分にカットする。

❷ 鍋にオリーブ油を入れて中火にかけ、**A**を入れたらさっと炒め、塩で味をつける。

❸ **B**を加えてふたをし、5〜10分、野菜に火が通るまで加熱する。

レンズ豆のカレースープ

全ての材料を鍋に入れてクツクツ煮るだけ。
レンズ豆は浸水させる手間もいらず、
それでいてコクもあり、
ありがたい便利素材の一つです。
茶レンズ豆を使うなら、長めに加熱して。

材料（4人分）

赤レンズ豆 …… 80g
水 …… 500ml
塩 …… 小さじ1/2（2.5g）
油 …… 5g
カレー粉 …… 3g
しょうが（みじん切り）…… 2g
（好みで）ブラックペッパー …… 適量

作り方

❶ 材料を全て鍋に入れてふたをし、中火に
　かける。

❷ 沸騰したら弱火にして15分加熱し、レン
　ズ豆がやわらかくなったらできあがり。

❸ 器に盛り、好みでブラックペッパーをかける。

れんこんときのこのスープ

しょうがやにんにく、ごまの風味が食欲をそそります。
きのこはしめじやまいたけなど、好みのもので楽しんで。

材料（4人分）

れんこん …… 50g
好みのきのこ2～3種 …… あわせて75g
長ねぎ …… 10g
ごま油 …… 5g
しょうが（みじん切り）…… 4g
にんにく（みじん切り）…… 4g
塩 …… 4g
しいたけ昆布だし（P70参照）…… 500ml
白ごま …… 大さじ1強
（好みで）カラフルラスク（P43）…… 適量

作り方

❶ れんこんは皮をむいて、細切りに、ねぎ
はせん切りにする。きのこは3cm幅にス
ライスする（しいたけ昆布だしに使ったし
いたけも加える）。

❷ 鍋にごま油を入れて中火で熱し、しょう
がとにんにくをさっと炒め、れんこんとき
のこ、塩を加えてさらに軽く炒める。

❸ しいたけ昆布だしと白ごまを加えてふたを
し、野菜に火が通ったら器によそい、ね
ぎを盛る。

生米パンに関するQ&A

生米パンを作るときに、よくある質問をまとめてみました。

Q.

生米パンを作るのに、おすすめのお米は?

生米パンのお米はうるち米であればなんでもOKですが、P8などでもお伝えしたように、もち米に近いような粘りのあるお米はもちもち食感が強く感じることも。玄米でも作れますし、古米でもおいしく仕上がります。

Q.

お米は長時間、浸水させるといい?

白米は3時間以上浸水しておくと、それ以上は吸水しません。夏場など冷蔵庫で浸水させる場合はさらに少し長めにしましょう。なお、玄米は半日くらい浸水させて。

Q.

1度に数回分、浸水してもいい?

密閉容器に入れて2〜3日に1度、水を替え、冷蔵庫で保存しておけば4〜5日はもちます。1度に何回分か浸水しておくと、作りたいときにすぐ使えて便利です。少しあまったら、チーズやスープなどに使っても。

Q.

どこまで攪拌したらいい?

細かく攪拌するのが、きめ細かい生米パンを作るポイントの一つ。実際にさわってみて、ざらつきがなく粘り気のある状態まで攪拌します。下の写真くらいまで米が細かく攪拌できていればいいでしょう。

ゴムべらからトロリと落ちればOK。

指でさわってざらつきがないかをチェック。

右はもう少し攪拌を。左くらいまで粒がなくなればOK。

フライパンに敷く紙は
どうすればきれいに切れる？

❶ 正方形に紙を切り、半分に折る（**a**）。
半分に折り（**b**）、紙の中心が角にくるように折る（**c**）。

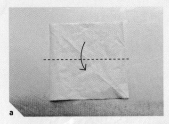

❷ さらに半分に折る（**d**）。

❸ 一番短い部分にあわせて切り（**e**）、
開く（**f**）。

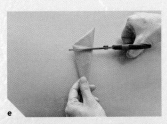

＊直径16cmのフライパンの場合は直径18
cmの円形、それ以上のフライパンなら
直径と同サイズの円形の紙を用意。

成形パンの生地を
上手に扱うには？

生米パンの生地はやわらかいので、扱いにくいと感じる人もいるでしょう。手に油をつければ、べたべたくっつかず成形しやすくなります。ミキサーから生地を取り出してのせるバットに敷いたオーブンシートにもあらかじめ油を塗っておきましょう。
それでも「成形しにくい」というときは、慣れるまで生地に加える水分を2、3g減らしてみてください。

容器に油を入れておくと、手にも
つけやすい。

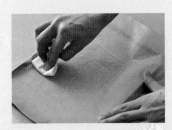

生地を取り出すオーブンシートにも
薄く油を広げる。

Q. 上手な発酵の仕方は?

生米パンの生地を発酵させるには、いくつかの方法があります。

【 発酵方法① 】

温めたトースターで湯と共に発酵させる。

【 発酵方法② 】

容器の中で、湯と共に発酵させる。

【 発酵方法③ 】

生地の入ったフライパンを2、3秒加熱して温め、冷めたらまた温める、を繰り返す。

【 発酵方法④ 】

約50℃のお湯をはった小鍋の上に生地の入ったフライパンを置き、小鍋のお湯が冷めたらまた加熱する。

この他、オーブンの発酵機能を使ったり、夏などは温かいところに置いたりしても。自分のやりやすい方法で、1.5〜2倍程度にふくらませて。

Q. 発酵の度合いによって、生地はどうなる?

下の写真を見てください。一番下が発酵不足、真ん中がちょうどいい発酵具合、一番上は発酵しすぎです。きめの細かさやふくらみ具合が違います。ただ、どれも「失敗」ではありませんので、安心して。慣れてくると加減もわかってくるので、何度か試してみましょう。

Q. ふくらみの悪い原因は?

攪拌不足か発酵不足が原因と考えられます。なめらかになるまで攪拌すること、1.5〜2倍にしっかりふくらむまで発酵させることができるようになれば、きれいにふくらみます。

左がちょうどいい発酵具合、右が発酵不足で焼いたパン。

パンをうまく切るには？

「生米パンができたらすぐ食べたい！」
気持ちもわかりますが、きれいに切り
たいのなら必ずしっかり冷ましてから。
温かいうちだとナイフに生地がくっつ
いてしまうのです。
温かいうちに食べるときは、ナイフで
切るのではなく、手でちぎって召しあ
がれ。

温かいとナイフに生地がついてしまう。

冷めてからだと切り口がきれい。

もしもあまってしまったら？

密閉容器や密閉袋で保存できます。2
〜3日（夏場は1日）以内なら常温で保
存（冷蔵庫に入れるとかたくなるので
おすすめしません）、それ以上は食べ
やすく切って冷凍保存しましょう。

食べるときは焼き直したりしてからど
うぞ。中でも蒸すと、焼き立てのもっ
ちり感がよみがえります。

また、ハスクの入っていないパンの場
合、自然解凍でも生地がやわらかく、
もちもちしすぎずおいしいです。

他の素材を加えてもいい？

ナッツやドライフルーツは、似たよう
な素材を使っているレシピを参考に他
のものに置き換えることができます（く
るみをアーモンドやカシューナッツに、
レーズンをプルーンやいちじくにな
ど）。また、ドライハーブやスパイス
（シナモン、カルダモン、カレー粉など）
でパンにフレーバーをつけたいときは
ほんの少量からトライしてみて。
ただし、野菜やくだものは種類によっ
て水分量が変わるので、基本に慣れて
からチャレンジするといいでしょう。

メロンパン（P51）のクッキー
生地を米粉で作るには？

生米からクッキー生地を作る場合、プ
ラスチックのコンテナに細かい傷がつ
くことがあります。そこで、ミキサー
を使わず米粉で作るクッキー生地もご
紹介しましょう。
米粉55g、アーモンドプードル28g、
メープルシロップ50g、菜種油33g、
塩少々をボウルに入れ、なじむまでゴ
ムべらで混ぜれば完成です。

おわりに

生米パンが誕生したとき、幼稚園と小学1年生だった娘たちも
今や小学6年生と中学2年生。
必死だった子育ても、肩の力がすっと抜け、
ただただ彼女たちとお腹を抱えて大笑いして過ごす時間が
かけがえのないものになりました。
そうして彼女たちの成長とともに、
私の生米パンに向き合う気持ちも変わってきています。
なによりも元気でいてほしいから、食事にはもちろんこだわるけれど、
日々の料理は気力と時間との勝負。大切なものを見直し、
いいバランスを探しながら過ごすうちに、生米パンも以前より
シンプルでもっと簡単に作れるようになりました。
パンにポコッと穴が開いても、焼き色が強めについても、
白くやわらかく仕上がっても、
全て「おいしい！」のが生米パンのいいところ。
講座開始当初から1番人気だったフライパンで焼く生米パンは、
より簡単にできるようになり、
成形不要のピザやフォカッチャ、平焼きパンなど、
味わい豊かなレパートリーも増えました。
さらには、ぜひチャレンジしていただきたい、
人気の成形パンレシピも新たにご紹介しています。

お米好きな方も、パン好きな方も、
このもちもちふわふわの生米パンをどうぞ味わってみてください。
植物の恵みだけで作る、地球にも私たちにも
やさしい生米パンがたくさんの方の元に届きますように。

リト史織

リト史織 Shiori Leto

ヴィーガン料理家。「Shiori's Vegan Pantry」主宰。生米パン、
生米スイーツの開発者。
大学卒業後、現エコール辻東京 辻日本料理マスターカレッジ
で学ぶ。その後、飲食店、洋菓子店などに勤務。出産後、
夫からヴィーガンの生活を提案され、マクロビオティック、米粉、
グルテンフリー、ローフードなどを学び、体にやさしくおいしい
食を探求する中で生の米からパンを作る「生米パン」を開発。
以来、「生米パン」や「生米スイーツ」など「生米シリーズ」の講
座を開講し、予約が取れないほどの人気を集める。
著書に『はじめての生米パン』(光文社)、『毎日食べたい生米パン』
(永岡書店)、『小麦粉を使わないもちふわ生米スイーツ』(家
の光協会)などがある。
芦屋に初監修の生米パン専門店「KOME PANTRY」をオープン。

Instagram　　@shioris_vegan_pantry
Twitter　　　@shiorileto
講座などの情報　https://coubic.com/shiorisveganpantry

ブックデザイン　　堀 康太郎(horitz)
撮影　　　　　　　嶋田礼奈(小社写真部)
スタイリング　　　岩﨑牧子
調理アシスタント　安齋美代　井出仁美　猪野友里　西田留弥
構成　　　　　　　橘内美佳

撮影協力　　　　　UTUWA
　　　　　　　　　東京都渋谷区千駄ヶ谷3-50-11明星ビルディング1F

ラクうま 生米パン 無限レシピ
家のお米でできる! フライパン・トースターでできる!

2023年6月14日　　第1刷発行

著　者　リト史織
発行者　鈴木章一　　　　　　KODANSHA
発行所　株式会社 講談社
　　　　〒112-8001 東京都文京区音羽2-12-21
電　話　販売　(03)5395-3606
　　　　業務　(03)5395-3615
編　集　株式会社講談社エディトリアル
代　表　堺 公江
　　　　〒112-0013 東京都文京区音羽1-17-18 護国寺SIAビル6F
電　話　編集部　(03)5319-2171
印刷所　凸版印刷株式会社
製本所　大口製本印刷株式会社